Impressum
Verlag: BABADADA GmbH, Nedderfeld 112 , 22529 Hamburg
Geschäftsführer / Verlagsleitung: Harald Hof
Druck: Books on Demand GmbH, In de Tarpen 42, 22848 Norderstedt

Imprint
Publisher: BABADADA GmbH, Nedderfeld 112 , 22529 Hamburg, Germany
Managing Director / Publishing direction: Harald Hof
Print: Books on Demand GmbH, In de Tarpen 42, 22848 Norderstedt

el colegio

escola

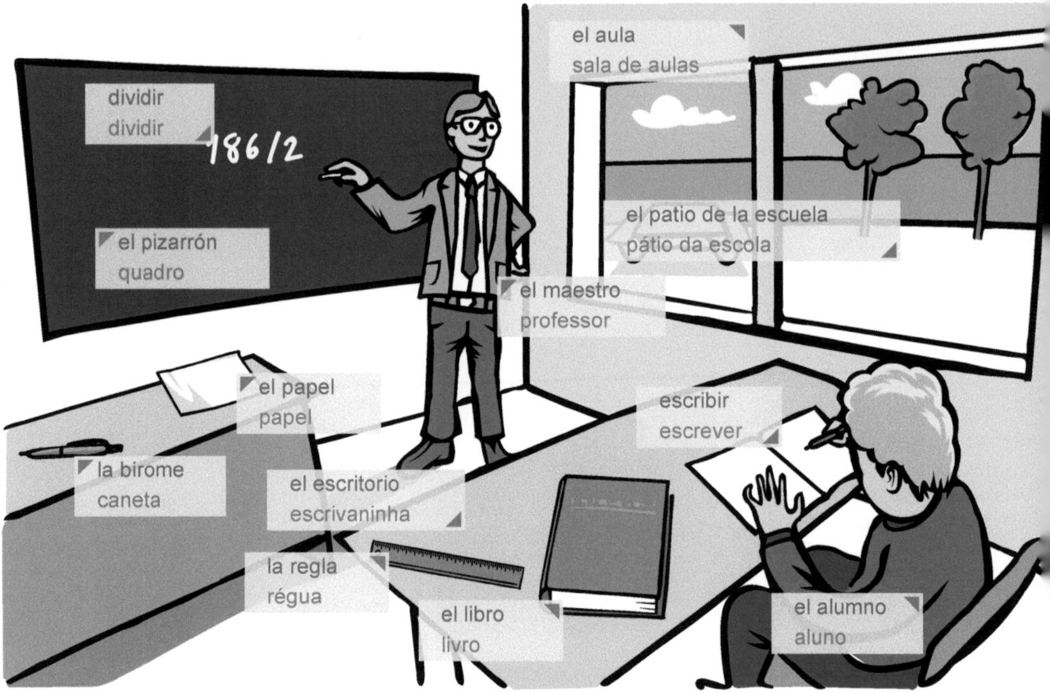
el aula
sala de aulas
dividir
dividir
186/2
el pizarrón
quadro
el patio de la escuela
pátio da escola
el maestro
professor
el papel
papel
escribir
escrever
la birome
caneta
el escritorio
escrivaninha
la regla
régua
el libro
livro
el alumno
aluno

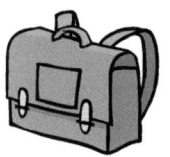

la mochila

sacola

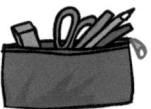

la caja de lápices

estojo de lápis

el lápiz

lápis

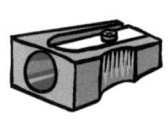

el sacapuntas

apontador de lápis

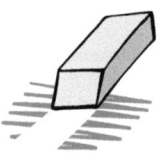

la goma (de borrar)

borracha

el bloc de dibujo

bloco de desenho

el dibujo
desenho

el pincel
pincel

la caja de pinturas
estojo de tintas

la tijera
tesoura

el pegamento
cola

el cuaderno de ejercicios
livro de exercícios

la tarea
lição de casa

12

el número
número

2+2

sumar
somar

5-2

restar
subtrair

2×2

multiplicar
multiplicar

calcular
calcular

A

la letra
letra

ABCDEFG HIJKLMN OPQRSTU VWXYZ

el abecedario
alfabeto

hello

la palabra
palavra

el texto

texto

leer

ler

la tiza

giz

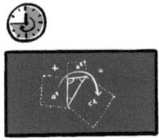

la lección

hora

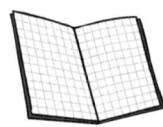

el cuaderno de clase

registro da classe

el examen

exame

el certificado

certificado

el uniforme escolar

uniforme escolar

la educación

educação

la enciclopedia

enciclopédia

la universidad

universidade

el microscopio

microscópio

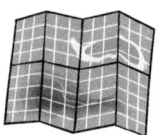

el mapa

mapa

el tacho (de basura)

cesto de lixo

el viaje
viagem

el hotel
hotel
Grand
el hostel
albergue
ROOMS
EXCHANGE
la casa de cambio
casa de câmbio
la valija
mala
el auto
carro

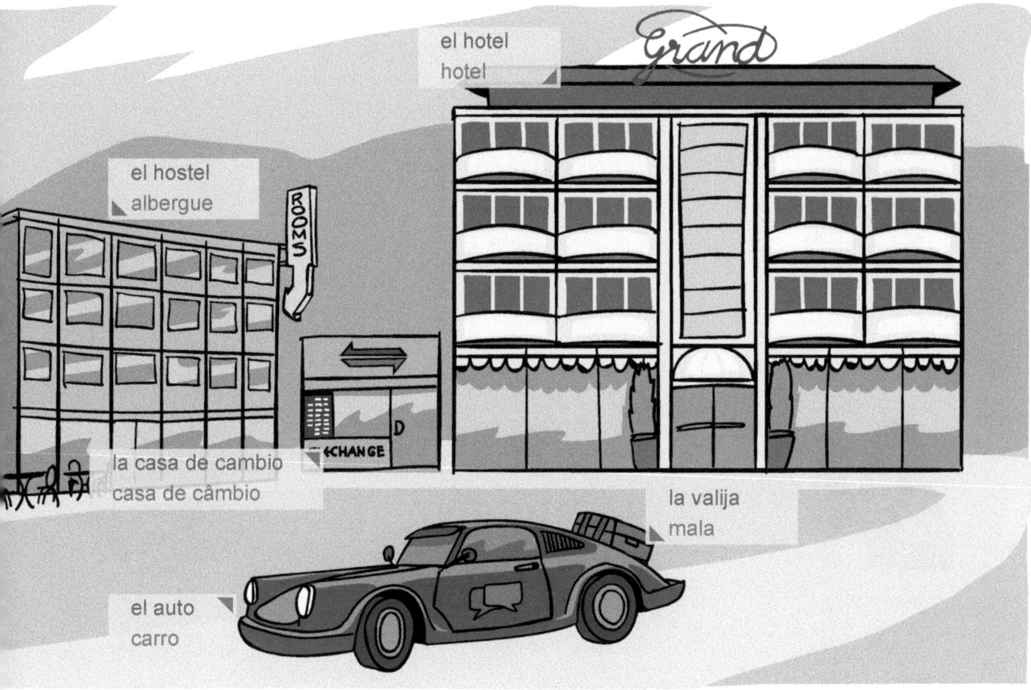

el idioma

idioma

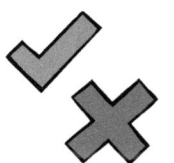

sí / no

sim / não

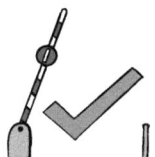

Está bien

ok

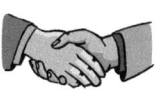

hola

Olá

el traductor

tradutor

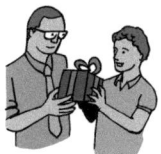

Gracias

obrigado

¿cuánto cuesta…?

quanto custa…?

No entiendo

eu não entendo

el problema

problema

¡Buenas tardes!

boa noite!

¡Buenos días!

Bom dia!

¡Buenas noches!

Boa noite!

el adiós

até logo

la dirección

direção

el equipaje

bagagem

el bolso

bolsa

la mochila

mochila

el invitado

convidado

la habitación

quarto

la bolsa de dormir

saco de dormir

la carpa

barraca

la información turística

informação turística

la playa

praia

la tarjeta de crédito

cartão de crédito

el desayuno

café da manhã

el almuerzo

almoço

la cena

jantar

el pasaje

bilhete

el ascensor

elevador

el sello

selo

la frontera

fronteira

la aduana

alfândega

la embajada

embaixada

la visa

visto

el pasaporte

passaporte

el transporte
transporte

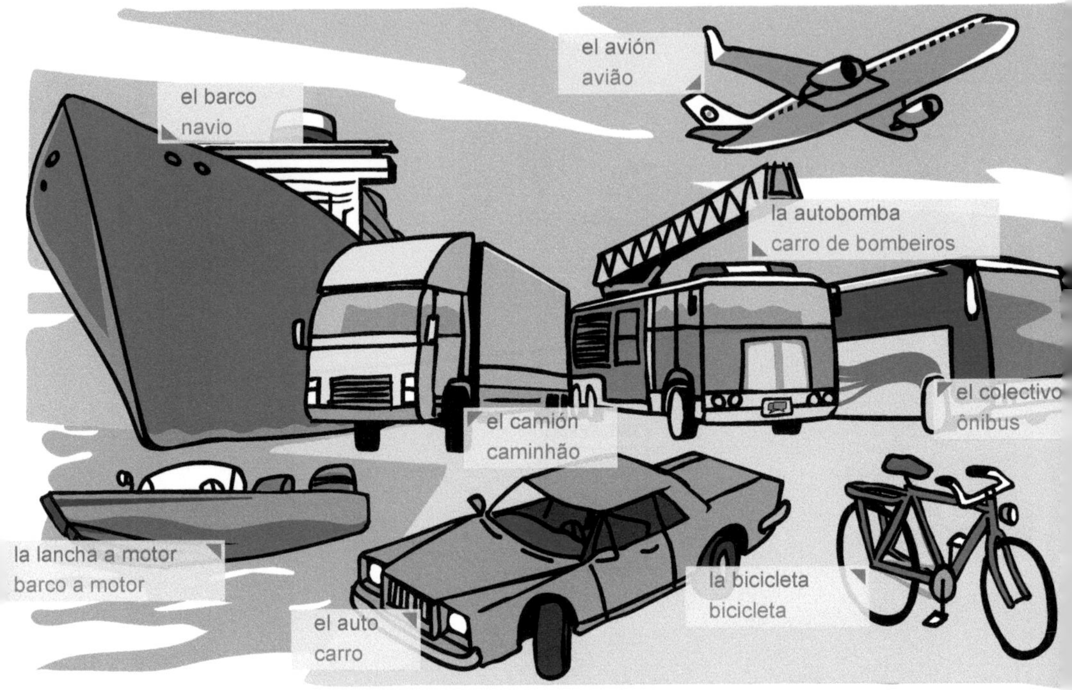
el avión
avião
el barco
navio
la autobomba
carro de bombeiros
el colectivo
ônibus
el camión
caminhão
la lancha a motor
barco a motor
la bicicleta
bicicleta
el auto
carro

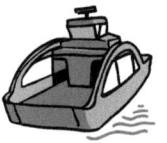

el ferry

balsa

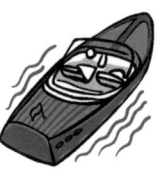

el bote

barco

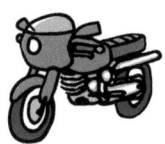

la moto

motocicleta

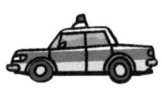

el patrullero

veículo policial

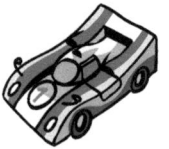

el auto de carreras

carro de corrida

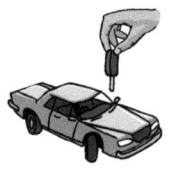

el auto de alquiler

carro de aluguel

el alquiler de autos

compartilhamento de automóvel

la grúa

caminhão de reboque

el camión de la basura

caminhão de lixo

el motor

motor

la nafta

combustível

la estación de servicio

posto de gasolina

la señal de tránsito

placa de trânsito

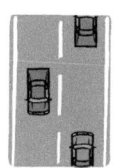

el tránsito

trânsito

el embotellamiento

trânsito lento

el estacionamiento

estacionamento

la estación de tren

estação de trem

las vías

trilhos

el tren

trem

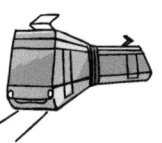

el tranvía

bonde

el vagón

vagão

el helicóptero

helicóptero

el aeropuerto

aeroporto

la torre

torre

el pasajero

passageiro

el contenedor

contêiner

la caja de cartón

cartolina

la carretilla

carroça

la canasta

cesto

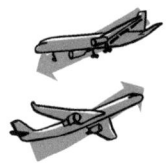

despegar / aterrizar

decolar / pousar

la ciudad

cidade

el pueblo

vilarejo

el centro de la ciudad

centro da cidade

la casa

casa

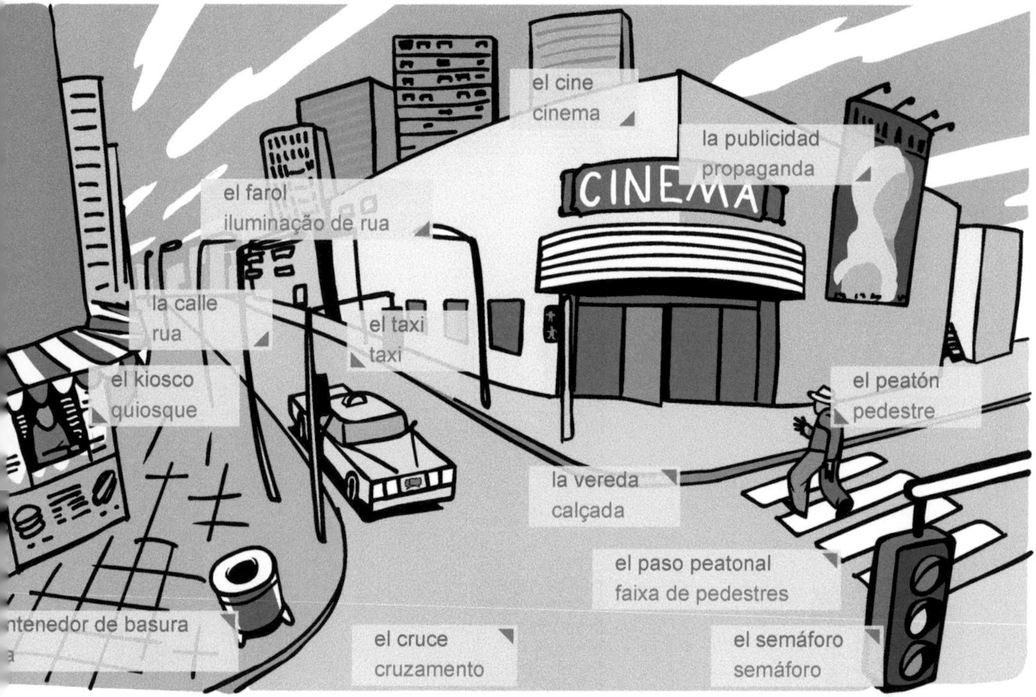

el cine
cinema

la publicidad
propaganda

el farol
iluminação de rua

la calle
rua

el taxi
taxi

CINEMA

el peatón
pedestre

el kiosco
quiosque

la vereda
calçada

el paso peatonal
faixa de pedestres

ntenedor de basura

el cruce
cruzamento

el semáforo
semáforo

la cabaña

cabana

el departamento

apartamento

la estación de tren

estação de trem

la municipalidad

prefeitura

el museo

museu

el colegio

escola

la universidad

universidade

el banco

banco

el hospital

hospital

el hotel

hotel

la farmacia

farmácia

la oficina

escritório

la librería

livraria

el negocio

loja

la florería

floricultura

el supermercado

supermercado

el mercado

mercado

las grandes tiendas

loja de departamentos

la pescadería

peixaria

el centro comercial

centro comercial

el puerto

porto

el parque

parque

el banco

banco

el puente

ponte

las escaleras

escadas

el subte

metrô

el túnel

túnel

la parada del colectivo

ponto de ônibus

el bar

bar

el restaurante

restaurante

el buzón

ixa de correspondência

el letrero

placa de rua

el parquímetro

parquímetro

el zoológico

zoológico

la pileta

piscina

la mezquita

mesquita

la granja

fazenda

la contaminación

poluição

el cementerio

cemitério

la iglesia

igreja

los juegos infantiles

parquinho

el templo

templo

el paisaje

paisagem

la hoja
folha

el poste indicador
placa de sinalização

el camino
caminho

la pradera
gramado

la piedra
pedra

el árbol
árvore

el excursionista
caminhantes

el río
rio

la hierba
grama

la flor
flor

el valle

vale

la montaña

montanha

el lago

lago

el bosque

floresta

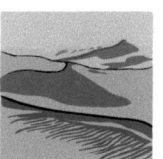

el desierto

deserto

el volcán

vulcão

el castillo

castelo

el arco iris

arco-íris

el champiñón

cogumelo

la palmera

palmeira

el mosquito

mosquito

la mosca

mosca

la hormiga

formiga

la abeja

abelha

la araña

aranha

el escarabajo

besouro

la rana

sapo

la ardilla

esquilo

el erizo

ouriço

la liebre

lebre

la lechuza

coruja

el pájaro

pássaro

el cisne

cisne

el jabalí

javali

el ciervo

veado

el alce

alce

la presa

barragem

el aerogenerador

aerogerador

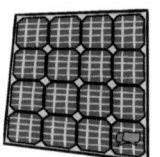

el panel solar

painel solar

el clima

clima

el restaurante

restaurante

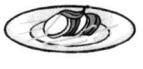

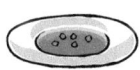

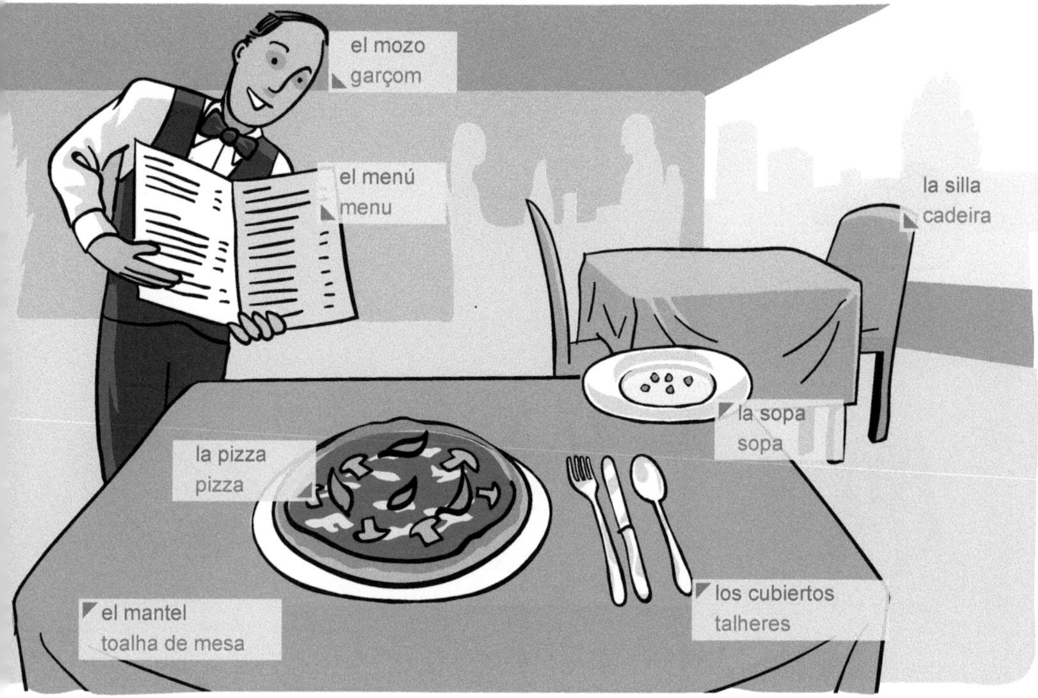
el mozo
garçom
el menú
menu
la silla
cadeira
la sopa
sopa
la pizza
pizza
el mantel
toalha de mesa
los cubiertos
talheres

la entrada

entrada

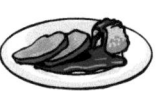

el plato principal

prato principal

el postre

sobremesa

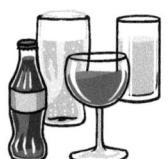

las bebidas

bebidas

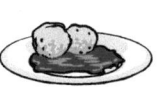

la comida

comida

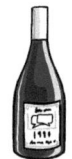

la botella

garrafa

la comida rápida

fastfood

la comida callejera

comida de rua

la tetera

bule de chá

la azucarera

açucareiro

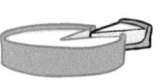

la porción

porção

la cafetera expreso

máquina de expresso

la sillita alta

cadeirão

la cuenta

conta

la bandeja

bandeja

el cuchillo

faca

el tenedor

garfo

la cuchara

colher

la cucharita

colher de chá

la servilleta

guardanapo

el vaso

copo

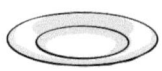

el plato

prato

el plato hondo

prato de sopa

el plato

pires

la salsa

molho

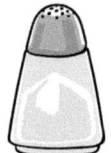

el salero

saleiro

el molinillo de pimienta

moedor de pimenta

el vinagre

vinagre

el aceite

óleo

las especias

especiarias

el kétchup

ketchup

la mostaza

mostarda

la mayonesa

maionese

el supermercado
supermercado

la oferta especial
oferta especial
FOR
el cliente
cliente
los lácteos
laticínios
la fruta
frutas
el changuito
carrinho de compras

BUTCHERS

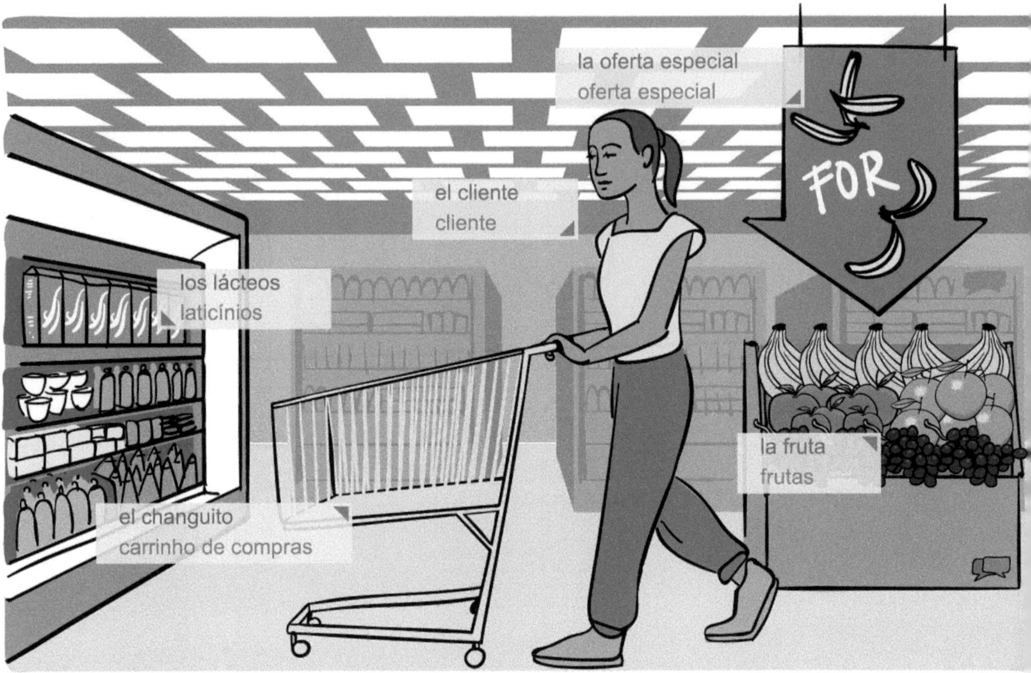

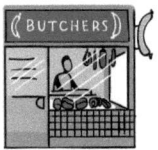

la carnicería
açougue

BAKERY

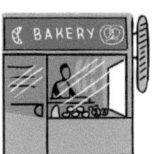

la panadería
padaria

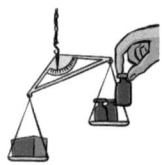

pesar
pesar

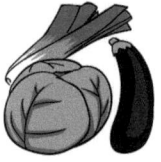

las verduras
legumes

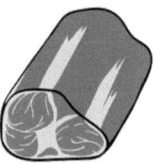

la carne
carne

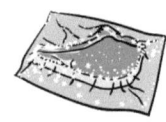

los alimentos congelados
congelados

los fiambres

charcutaria

los alimentos enlatados

conservas

el detergente en polvo

detergente em pó

las golosinas

doces

los electrodomésticos

artigos domésticos

los productos de limpieza

produtos de limpeza

la vendedora

vendedora

la caja

caixa

el cajero

caixa

la lista de compras

lista de compras

el horario de atención

horário de funcionamento

la billetera

carteira

la tarjeta de crédito

cartão de crédito

la cartera

sacola

la bolsa de plástico

saco plástico

el agua

água

el jugo

suco

la leche

leite

la bebida cola

coca-cola

el vino

vinho

la cerveza

cerveja

el alcohol

álcool

el cacao

cacau

el té

chá

el café

café

el café expreso

expresso

el cappuccino

cappuccino

la banana

banana

la manzana

maçã

la naranja

laranja

el melón

melão

el limón

limão

la zanahoria

cenoura

el ajo

alho

el bambú

bambu

la cebolla

cebola

el champiñón

cogumelo

las nueces

nozes

los fideos

macarrão

los tallarines
....
espaguete

el arroz
....
arroz

la ensalada
....
salada

las papas fritas
....
batatas fritas

las papas fritas
....
batatas frias

la pizza
....
pizza

la hamburguesa
....
hambúrger

el sándwich
....
sanduíche

el churrasco
....
escalope

el jamón
....
presunto

el salame
....
salame

la salchicha
....
salsicha

el pollo
....
galinha

el asado
....
assado

el pescado
....
peixe

los copos de avena

flocos de aveia

el muesli

granola

los copos de maíz

flocos de milho

la harina

farinha

la medialuna

croissant

el pancito

pãozinho

el pan

pão

la tostada

torrada

las galletitas

biscoitos

la manteca

manteiga

la cuajada

requeijão

la torta

bolo

el huevo

ovo

el huevo frito

ovo frito

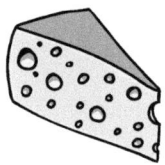

el queso

queijo

el helado

sorvete

el azúcar

açúcar

la miel

mel

la mermelada

geleia

la pasta de chocolate

creme de avelãs

el curry

curry

la granja
fazenda

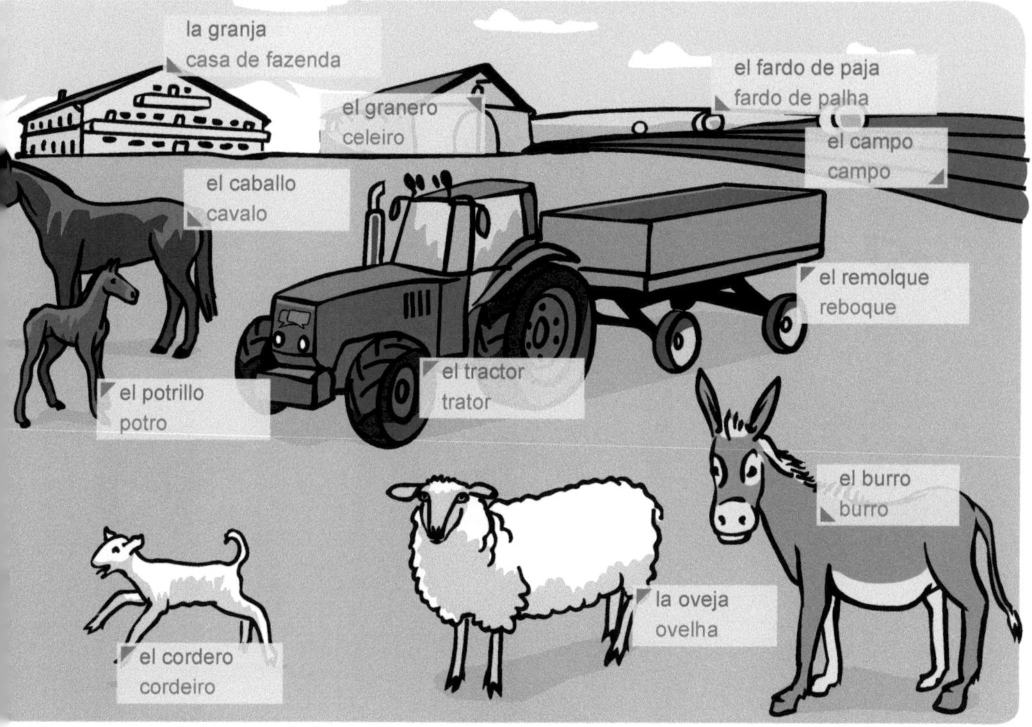
la granja
casa de fazenda
el granero
celeiro
el fardo de paja
fardo de palha
el campo
campo
el caballo
cavalo
el remolque
reboque
el tractor
trator
el potrillo
potro
el burro
burro
la oveja
ovelha
el cordero
cordeiro

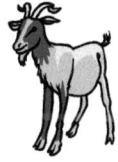

la cabra
cabra

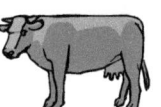

la vaca
vaca

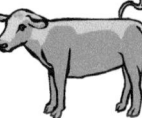

el ternero
bezerro

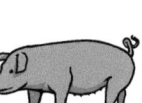

el cerdo
porco

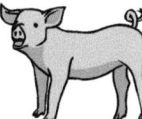

el lechón
leitão

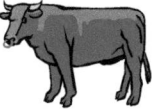

el toro
touro

el ganso

ganso

el pato

pato

el pollo

pintinho

la gallina

galinha

el gallo

galo

la rata

ratazana

el gato

gato

el ratón

camundongo

el buey

boi

el perro

cachorro

la cucha

casinha do cachorro

la manguera

mangueira de jardim

la regadera

regador

la guadaña

foice

el arado

arado

la hoz

foice

la azada

enxada

la horquilla

forquilha

el hacha

machado

la carretilla

carrinho de mão

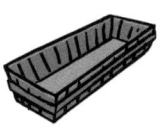

el abrevadero

manjedoura

la lechera

jarra de leite

la bolsa

saco

la reja

cerca

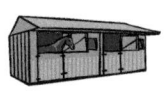

el establo

estábulo

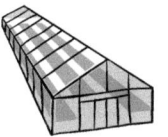

el invernadero

estufa

el suelo

solo

la semilla

semente

el fertilizador

fertilizante

la cosechadora

colheitadeira

cosechar

colher

la cosecha

colheita

las batatas

inhame

el trigo

trigo

la soja

soja

la papa

batata

el maíz

milho

la semilla de colza

colza

el árbol frutal

árvore frutífera

la mandioca

mandioca

los cereales

cereais

la casa
casa

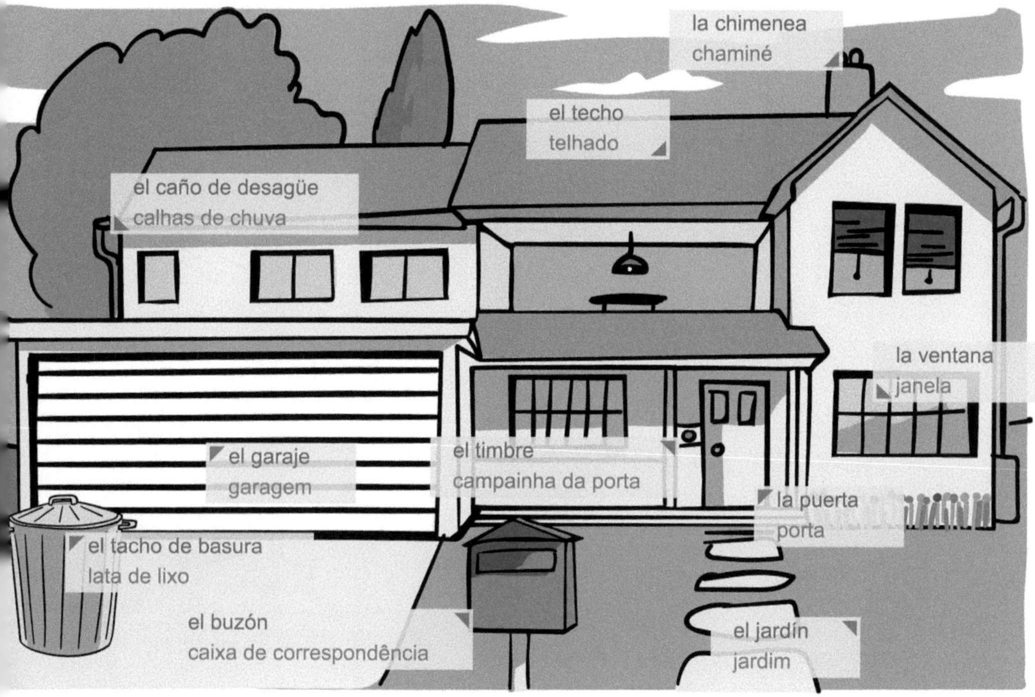

la chimenea
chaminé
el techo
telhado
el caño de desagüe
calhas de chuva
la ventana
janela
el garaje
garagem
el timbre
campainha da porta
la puerta
porta
el tacho de basura
lata de lixo
el buzón
caixa de correspondência
el jardín
jardim

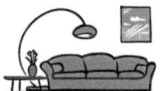

el living
sala de estar

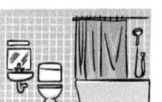

el baño
banheiro

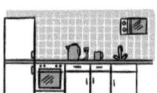

la cocina
cozinha

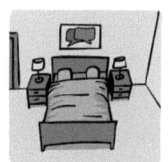

el dormitorio
quarto de dormir

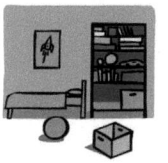

el cuarto de los chicos
quarto de criança

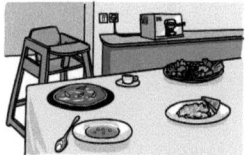

el comedor
sala de jantar

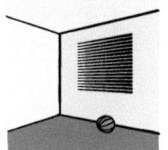

el piso
chão

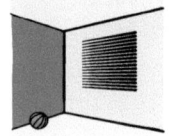

la pared
parede

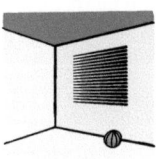

el cielorraso
teto

el sótano
porão

el sauna
sauna

el balcón
varanda

la terraza
terraço

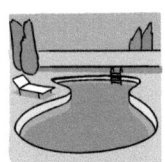

la pileta
piscina

la cortadora de pasto
cortador de grama

la sábana
lençol

el acolchado
coberta

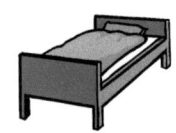

la cama
cama

la escoba
vassoura

el balde
balde

el interruptor
interruptor

el living
sala de estar

el empapelado
papel de parede
la imagen
quadro
la lámpara
lâmpada
el estante
prateleira
el armario
armário
la televisión
televisão
la chimenea
lareira
la flor
flor
el almohadón
travesseiro
el sofá
sofá
el florero
vaso
el control remoto
controle remoto

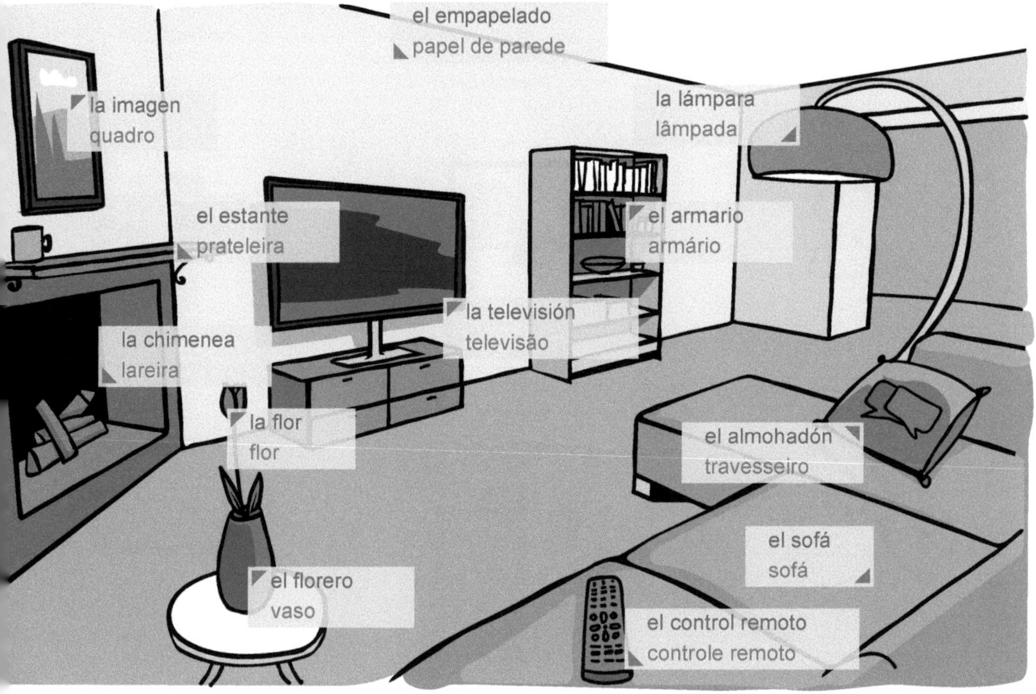

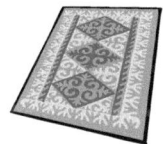

la alfombra

tapete

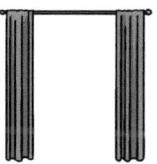

la cortina

cortina

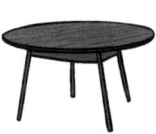

la mesa

mesa

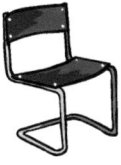

la silla

cadeira

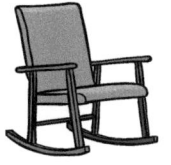

la mecedora

cadeira de balanço

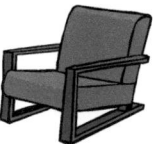

el sillón

poltrona

el libro

livro

la frazada

cobertor

la decoración

decoração

la leña

lenha

la película

filme

el equipo de música

equipamento de som

la llave

chave

el diario

jornal

la pintura

pintura

el póster

pôster

la radio

rádio

el cuaderno

bloco de notas

la aspiradora

aspirador

el cactus

cacto

la vela

vela

la cocina
cozinha

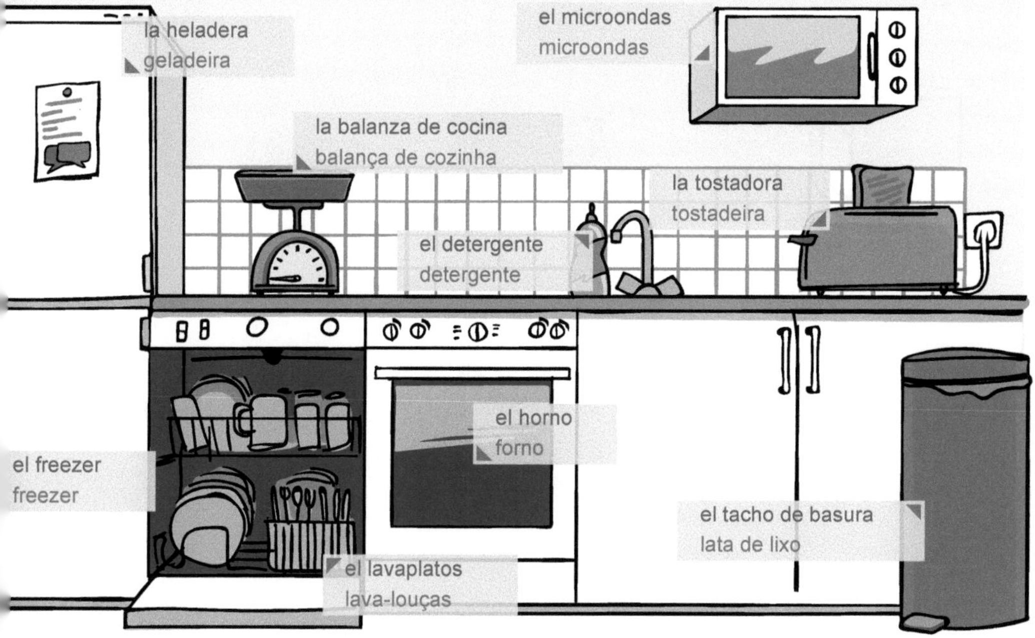
la heladera
geladeira
el microondas
microondas
la balanza de cocina
balança de cozinha
la tostadora
tostadeira
el detergente
detergente
el horno
forno
el freezer
freezer
el tacho de basura
lata de lixo
el lavaplatos
lava-louças

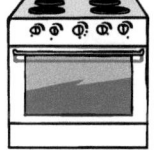

la cocina

fogão

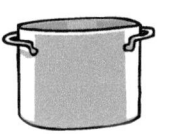

la olla

panela

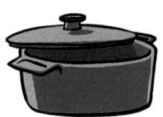

la olla de hierro fundido

panela de ferro

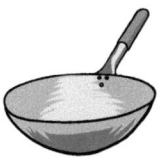

el wok

wok / kadai

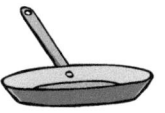

la sartén

frigideira

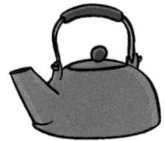

la pava

chaleira

la vaporera

panela a vapor

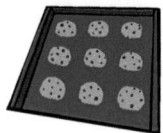

la bandeja de horno

tabuleiro de forno

la vajilla

louça

la taza

caneca

el bol

caçarola

los palitos

hashi

el cucharón

concha de sopa

la espátula

espátula

la batidora

batedor

el colador

escorredor

el colador

peneira

el rallador

ralador

el mortero

almofariz

la parrilla

churrasqueira

la fogata

lareira

la tabla de picar

tábua de cortar

el palo de amasar

rolo da massa

el sacacorchos

saca-rolhas

la lata

lata

el abrelatas

abridor de latas

la manopla

pegador de panela

la pileta

pia

el cepillo

escova

la esponja

esponja

la batidora

liquidificador

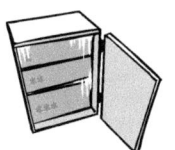

el congelador

congelador

la mamadera

mamadeira

la canilla

torneira

el baño
banheiro

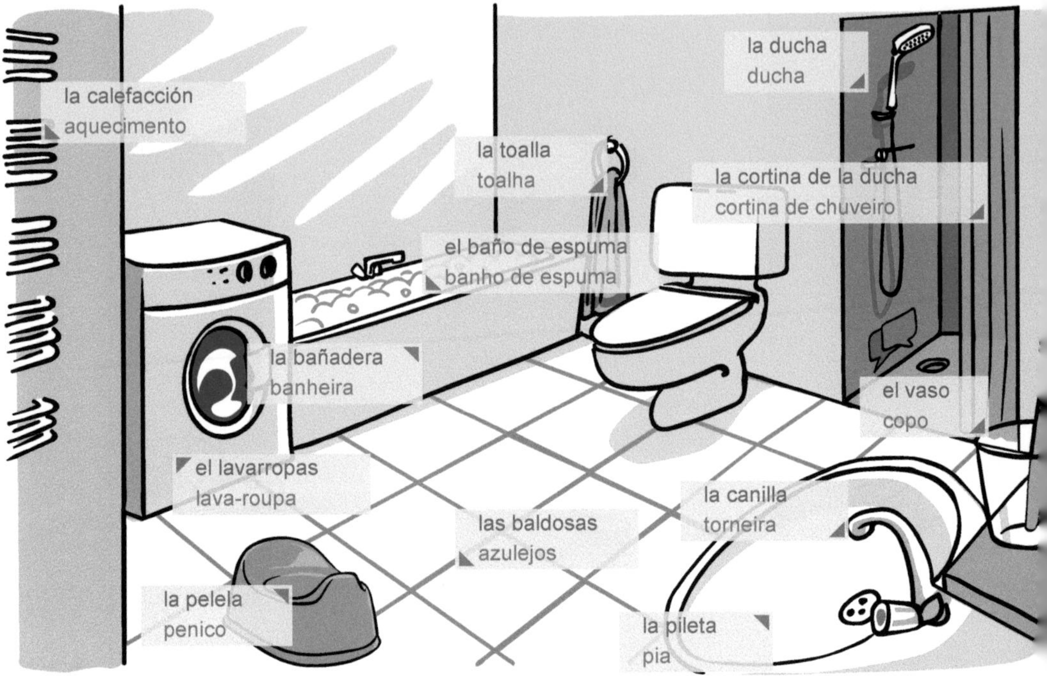

la calefacción
aquecimento
la toalla
toalha
la ducha
ducha
la cortina de la ducha
cortina de chuveiro
el baño de espuma
banho de espuma
la bañadera
banheira
el vaso
copo
el lavarropas
lava-roupa
la canilla
torneira
las baldosas
azulejos
la pelela
penico
la pileta
pia

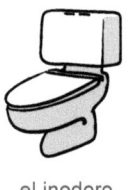

el inodoro

vaso sanitário

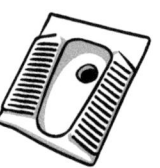

la letrina

lavabo de agachar

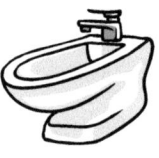

el bidé

bidê

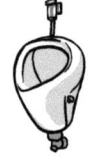

el mingitorio

mictório

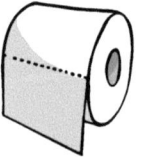

el papel higiénico

papel higiênico

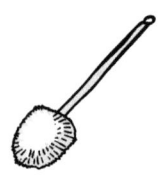

el cepillo para el inodoro

escova de privada

el cepillo de dientes

escova de dentes

el dentífrico

pasta de dentes

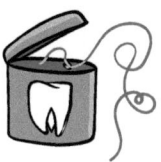

el hilo dental

fio dental

lavar

lavar

la ducha de mano

ducha de mão

la ducha higiénica

ducha íntima

la palangana

bacia

el cepillo para la espalda

escova para as costas

el jabón

sabonete

el gel de ducha

gel de banho

el shampoo

xampu

la toallita

toalha de rosto

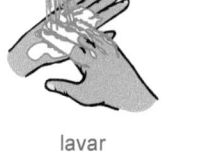

el desagüe

escoamento

la crema

creme

el desodorante

desodorante

el espejo

espelho

el espejito

espelho de mão

la maquinita de afeitar

barbeador

la espuma de afeitar

espuma de barbear

el aftershave

loção pós-barba

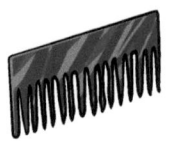

el peine

pente

el cepillo

escova

el secador de pelo

secador de cabelo

el spray

spray de cabelo

el maquillaje

maquiagem

el lápiz de labios

batom

el esmalte para uñas

esmalte de unhas

el algodón

algodão

la tijera para uñas

tesoura para unhas

el perfume

perfume

el portacosméticos

nécessaire

la banqueta

banquinho

la balanza

balança

la bata

roupão de banho

los guantes de goma

luvas de borracha

el tampón

absorvente interno

la toallita femenina

absorvente íntimo

el baño químico

banheiro químico

el cuarto de los chicos

quarto de criança

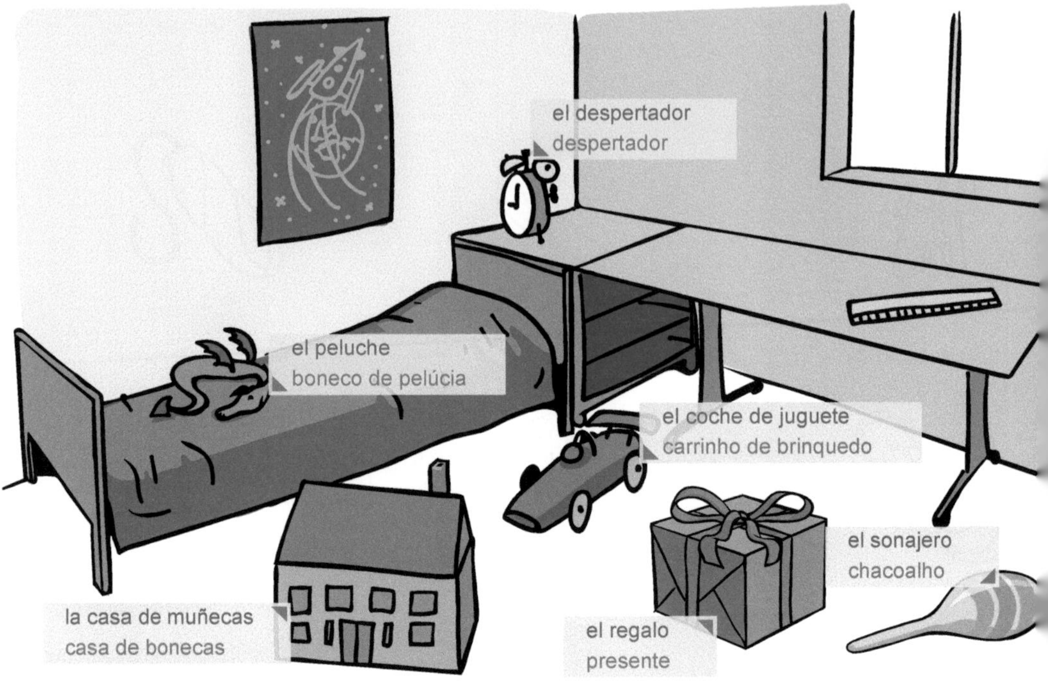
el despertador
despertador
el peluche
boneco de pelúcia
el coche de juguete
carrinho de brinquedo
el sonajero
chacoalho
la casa de muñecas
casa de bonecas
el regalo
presente

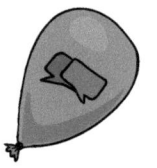

el globo

balão

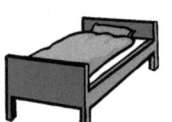

la cama

cama

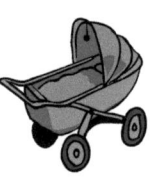

el cochecito

carrinho de bebê

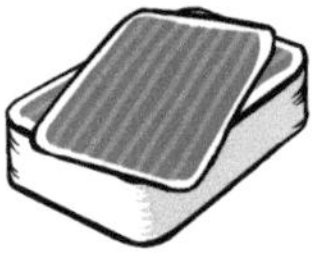

las cartas

jogo de cartas

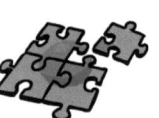

el rompecabezas

quebra-cabeças

SUPER
MEGA

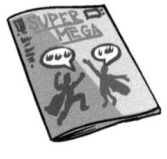

la historieta

revista de quadrinhos

las piezas de lego

peças de Lego

los ladrillos de juguete

blocos de construção

la figura de acción

figura de ação

el enterito (de bebé)

macaquinho de bebê

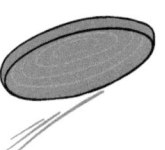

el frisbee

frisbee

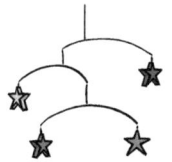

el móvil para bebés

móbile para bebé

el juego de mesa

jogo de tabuleiro

los dados

dados

el tren eléctrico

trenzinho elétrico

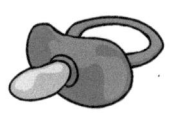

el chupete

chupeta

la fiesta

festa

el libro de cuentos ilustrado

livro ilustrado

la pelota

bola

la muñeca

boneca

jugar

brincar

el arenero

caixa de areia

la hamaca

balanço

los juguetes

brinquedos

la consola de videojuegos

videogame

el triciclo

triciclo

el osito de peluche

ursinho de pelúcia

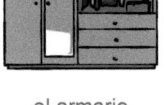

el armario

guarda-roupa

la ropa
vestuário

las medias

meias

las medias panty

meias pelo joelho

las calzas

meias-calças

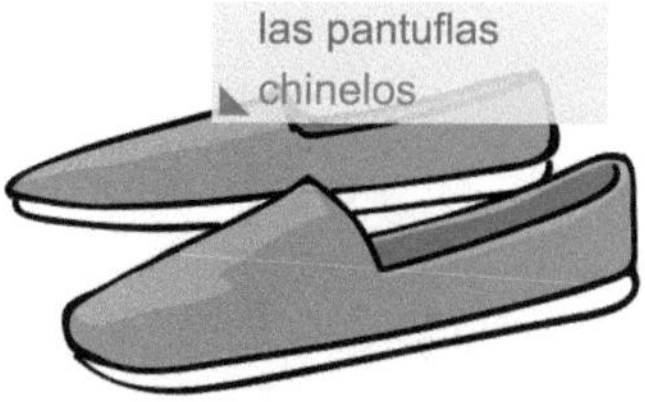

la bufanda
cachecol

el paraguas
guarda-chuva

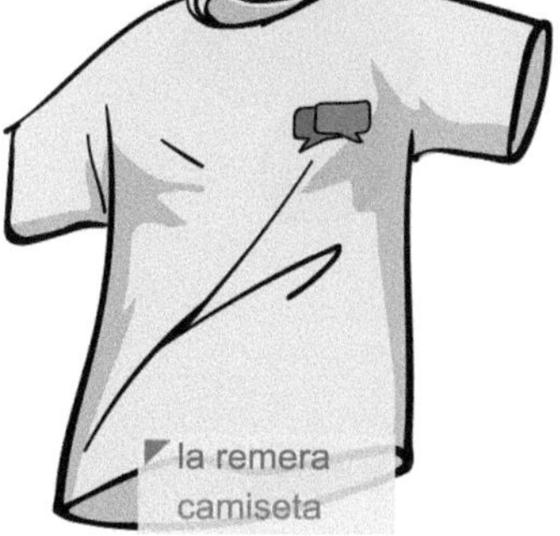

la remera
camiseta

el cinturón
cinto

las botas
botas

las pantuflas
chinelos

las zapatillas
tênis

las sandalias
sandálias

los zapatos
sapatos

las botas de goma
botas de borracha

la ropa interior
roupa de baixo

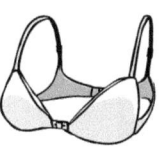

el corpiño
sutiã

el chaleco
camiseta de baixo

la ropa - vestuário

45

el body
body

los pantalones
calças

los jeans
jeans

la pollera
saia

la blusa
blusa

la camisa
camisa

el pulóver
pulôver

el buzo
suéter com capuz

el blazer
blazer

la campera
jaqueta

el tapado
casaco

el piloto
gabardine

el traje
traje

el vestido
vestido

el vestido de novia
vestido de casamento

el traje

terno

el camisón

camisola

el pijama

pijama

el sari

sari

el pañuelo para la cabeza

lenço de cabeça

el turbante

turbante

la burka

burca

el caftán

cafetã

la abaya

abaya

el traje de baño

maiô

el short de baño

sunga

los shorts

shorts

el jogging

roupa de treino

el delantal

avental

los guantes

luvas

el botón

botão

los anteojos

óculos

la pulsera

pulseira

el collar

colar

el anillo

anel

el aro

brinco

la gorra

boné

la percha

cabide

el sombrero

chapéu

la corbata

gravata

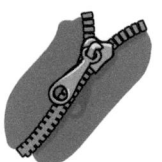

el cierre

zíper

el casco

capacete

los tiradores

suspensórios

el uniforme escolar

uniforme escolar

el uniforme

uniforme

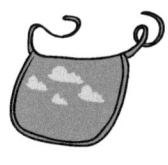

el babero

babador

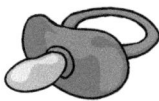

el chupete

chupeta

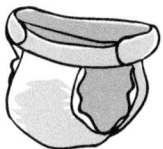

el pañal

fralda

la oficina
escritório

el servidor
servidor
el archivero
armário de arquivos
la impresora
impressora
el papel
papel
el monitor
monitor
el mouse
mouse
el escritorio
escrivaninha
la carpeta
pasta
el teclado
teclado
el tacho (de basura)
cesto de lixo
la silla
cadeira
la computadora
computador

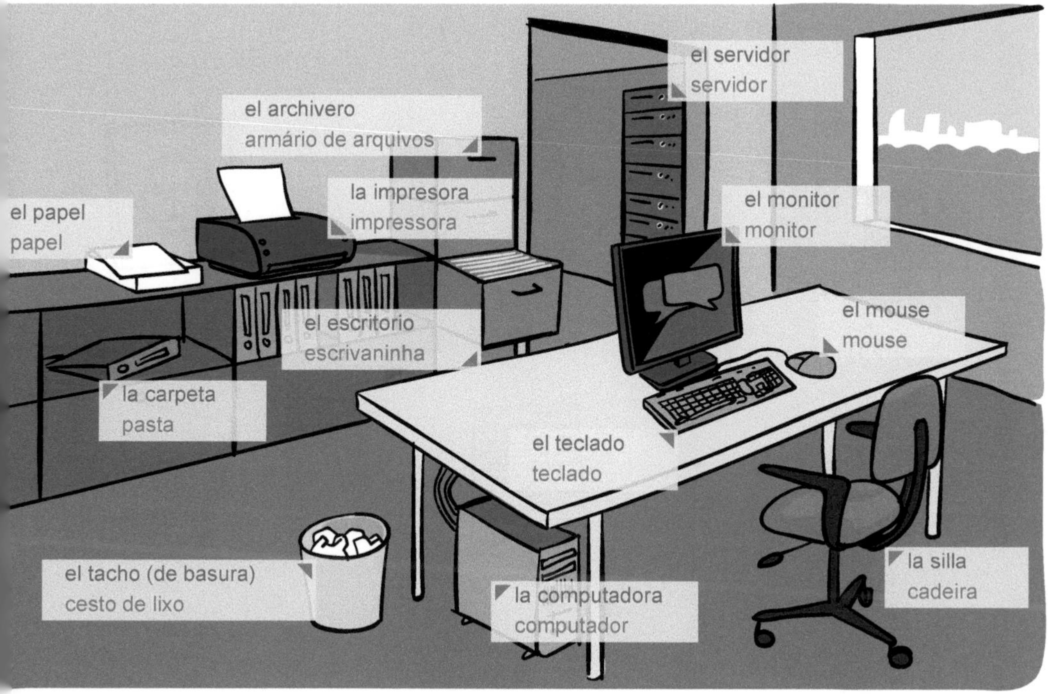

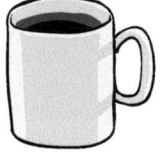

la taza de café

xícara de café

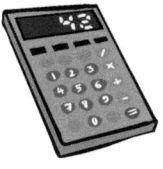

la calculadora

calculadora

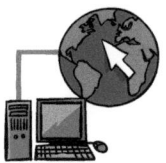

el internet

internet

la laptop

laptop

la carta

carta

el mensaje

mensagem

el celular

celular

la red

rede

la fotocopiadora

copiadora

el software

software

el teléfono

telefone

el tomacorriente

tomada

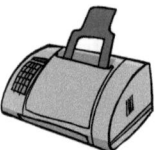

el fax

fax

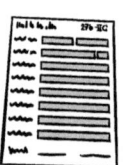

el formulario

formulário

el documento

documento

comprar

comprar

pagar

pagar

hacer negocios

negociar

el dinero

dinheiro

el dólar

Dólar

el euro

Euro

el yen

Yen

el rublo

rublo

el franco suizo

franco suíço

el yuan

renminbi yuan

la rupia

rupia

el cajero automático

caixa eletrônico

la casa de cambio

casa de câmbio

el oro

ouro

la plata

prata

el petróleo

petróleo

la energía

energia

el precio

preço

el contrato

contrato

el impuesto

imposto

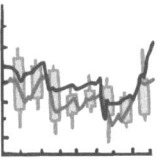

la acción

ação

trabajar

trabalhar

el empleado

empregado

el empleador

empregador

la fábrica

fábrica

el negocio

loja

el policía
policial

el bombero
bombeiro

el cocinero
cozinheiro

el médico
médico

el piloto
piloto

el jardinero

el jardinero

jardineiro

el carpintero

el carpintero

marceneiro

la modista

la modista

costureira

el juez

juiz

el farmacéutico

químico

el actor

ator

el colectivero

motorista de ônibus

el taxista

motorista de táxi

el pescador

pescador

la mucama

faxineira

el techista

telhador

el mozo

garçom

el cazador

caçador

el pintor

pintor

el panadero

padeiro

el electricista

eletricista

el albañil

construtor

el ingeniero

engenheiro

el carnicero

açougueiro

el plomero

encanador

el cartero

carteiro

el soldado

soldado

el arquitecto

arquiteto

el cajero

caixa

el florista

florista

el peluquero

cabelereiro

el cobrador

condutor

el mecánico

mecânico

el capitán

capitão

el dentista

dentista

el científico

cientista

el rabino

rabino

el imán

imam

el monje

monge

el sacerdote

pastor

las herramientas
ferramentas

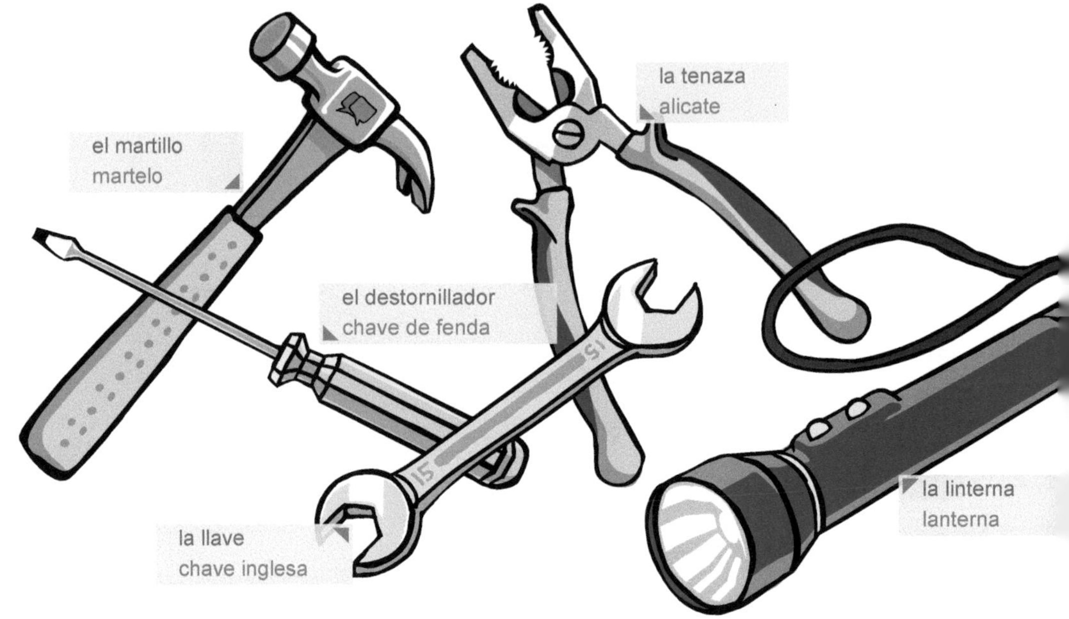

el martillo
martelo
la tenaza
alicate
el destornillador
chave de fenda
la llave
chave inglesa
la linterna
lanterna

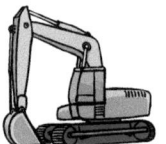

la excavadora

escavadora

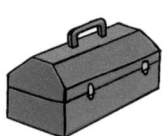

la caja de herramientas

caixa de ferramentas

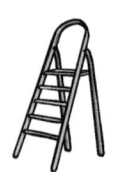

la escalera portátil

escada de mão

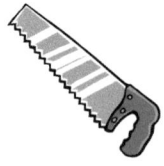

la sierra

serra

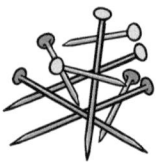

los clavos

pregos

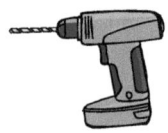

el taladro

furadeira

arreglar
consertar

la pala de jardín
pá

¡Qué bronca!
Droga!

la pala de plástico
pá de lixo

el tacho de pintura
pote de tinta

los tornillos
parafusos

los instrumentos musicales
instrumentos musicais

el parlante
alto-falante

la batería
bateria

la guitarra
guitarra

el contrabajo
contrabaixo

la trompeta
trompete

el piano

piano

el violín

violino

el bajo

baixo

los timbales

timbales

el tambor

tambor

el teclado

teclado

el saxofón

saxofone

la flauta

flauta

el micrófono

microfone

el tigre
tigre

la entrada
entrada

la jaula
gaiola

la cebra
zebra

el alimento para animales
ração animal

el oso panda
panda

los animales

animais

el elefante

elefante

el canguro

canguru

el rinoceronte

rinoceronte

el gorila

gorila

el oso

urso

el camello

camelo

el avestruz

avestruz

el león

leão

el mono

macaco

el flamenco

flamingo

el loro

papagaio

el oso polar

urso polar

el pingüino

pinguim

el tiburón

tubarão

el pavo real

pavão

la serpiente

cobra

el cocodrilo

crocodilo

el cuidador del zoológico

guarda do zoológico

la foca

foca

el jaguar

jaguar

el poni

pônei

el leopardo

leopardo

el hipopótamo

hipopótamo

la jirafa

girafa

el águila

águia

el jabalí

javali

el pescado

peixe

la tortuga

tartaruga

la morsa

morsa

el zorro

raposa

la gacela

gazela

el zoológico - zoológico

el fútbol americano
futebol americano

el ciclismo
ciclismo

el tenis
tênis

el básquet
basquete

la natación
natação

el hockey sobre hielo
hóquei no gelo

el boxeo
boxe

el fútbol
futebol

el bádminton
badminton

el atletismo
atletismo

el handball
handebol

el esquí
esqui

el polo
polo

las actividades
atividades

saltar
pular
abrazar
abraçar
reír
rir
caminar
andar
cantar
cantar
soñar
sonhar
rezar
rezar
besar
beijar

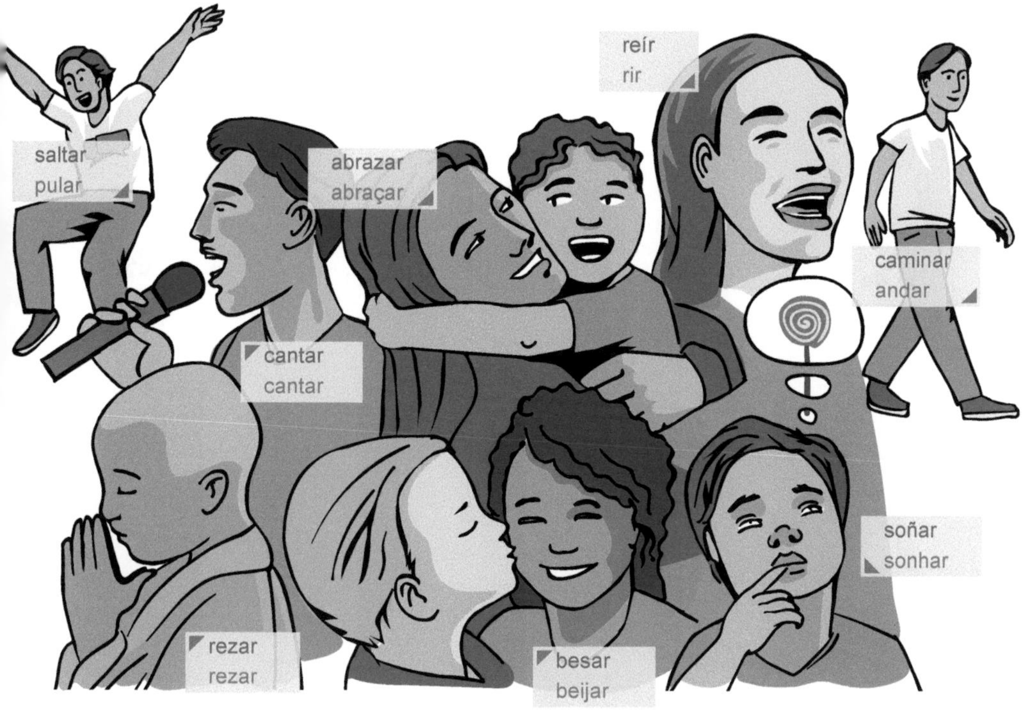

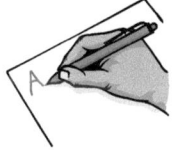

escribir

escrever

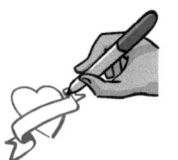

dibujar

desenhar

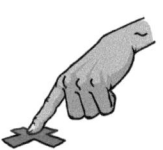

mostrar

mostrar

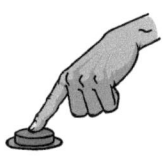

presionar

empurrar

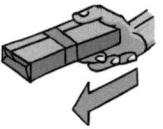

dar

dar

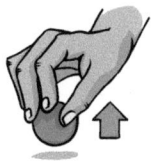

tomar

tomar

tener
ter

hacer
fazer

ser
ser

estar parado
ficar de pé

correr
correr

tirar
puxar

tirar
jogar

caer
cair

estar acostado
deitar

esperar
esperar

llevar
carregar

estar sentado
sentar

vestirse
vestir

dormir
dormir

despertar
despertar

mirar

olhar para

llorar

chorar

acariciar

acariciar

peinar

pentear

hablar

falar

entender

entender

preguntar

perguntar

escuchar

ouvir

beber

beber

comer

comer

ordenar

arrumar

amar

amar

cocinar

cozinhar

manejar

dirigir

volar

voar

las actividades - atividades

65

navegar

velejar

calcular

calcular

leer

ler

aprender

aprender

trabajar

trabalhar

casarse

casar

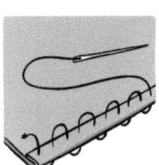

coser

costurar

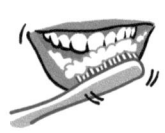

cepillarse los dientes

escovar os dentes

matar

matar

fumar

fumar

enviar

enviar

la familia
família

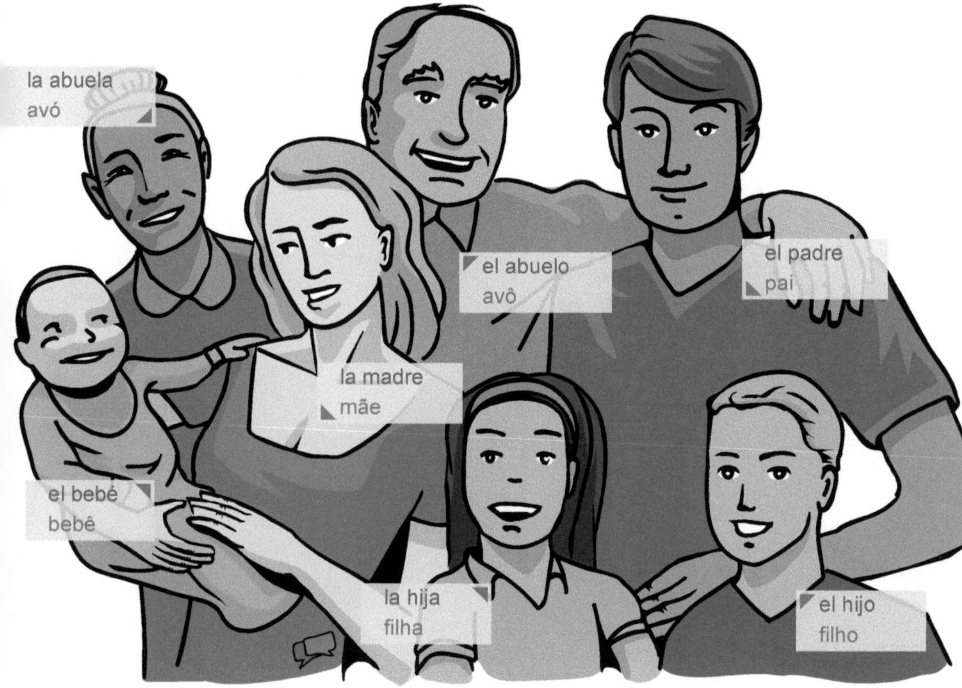
la abuela
avó
el abuelo
avô
el padre
pai
la madre
mãe
el bebé
bebê
la hija
filha
el hijo
filho

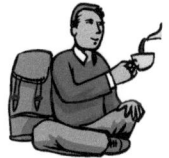

el invitado

convidado

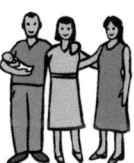

la tía

tia

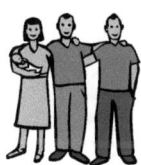

el tío

tio

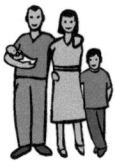

el hermano

irmão

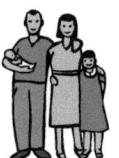

la hermana

irmã

el cuerpo

corpo

la frente
testa
el ojo
olho
el hombro
ombro
el dedo
dedo
la cara
rosto
la pera
queixo
la mano
mão
la pierna
perna
el pecho
peito
el brazo
braço

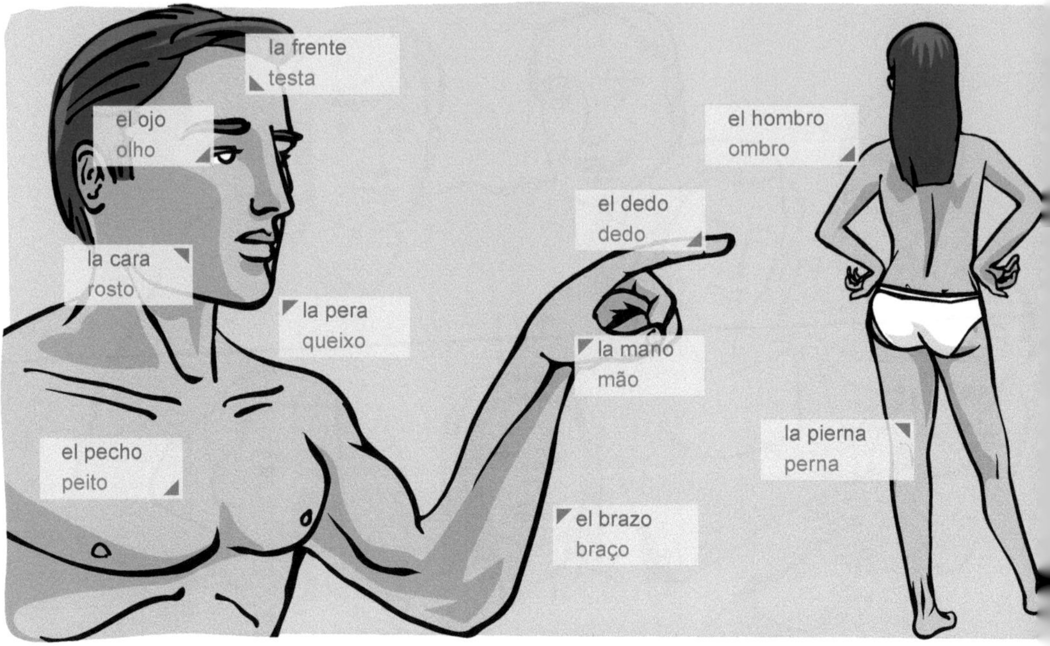

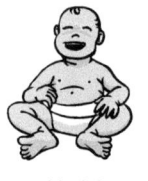

el bebé

bebê

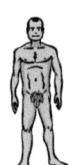

el hombre

homem

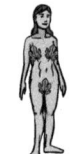

la mujer

mulher

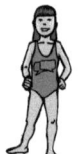

la nena

menina

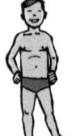

el nene

menino

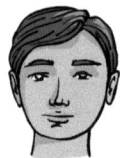

la cabeza

cabeça

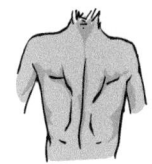

la espalda
costas

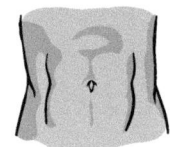

la panza
barriga

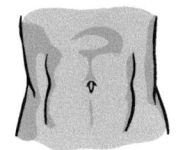

el ombligo
umbigo

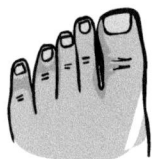

el dedo del pie
dedo do pé

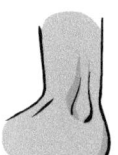

el talón
calcanhar

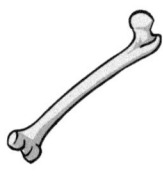

el hueso
osso

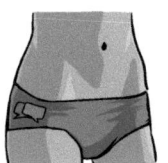

la cadera
anca

la rodilla
joelho

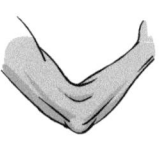

el codo
cotovelo

la nariz
nariz

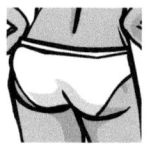

la cola
nádegas

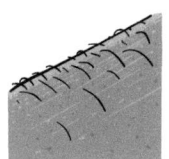

la piel
pele

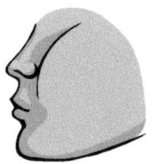

el cachete
bochecha

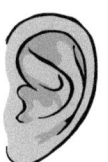

la oreja
orelha

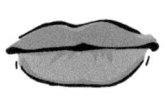

el labio
lábio

la boca

boca

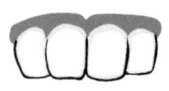

el diente

dente

la lengua

língua

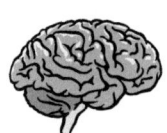

el cerebro

cérebro

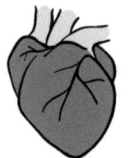

el corazón

coração

el músculo

músculo

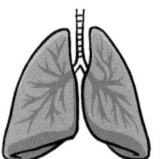

el pulmón

pulmão

el hígado

fígado

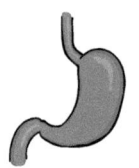

el estómago

estômago

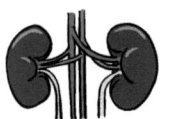

los riñones

rins

el sexo

relações sexuais

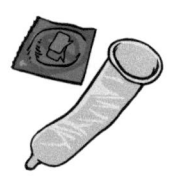

el preservativo

preservativo

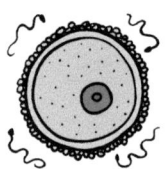

el óvulo

óvulo

el semen

esperma

el embarazo

gravidez

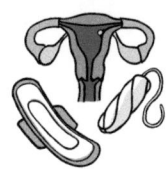

la menstruación

menstruação

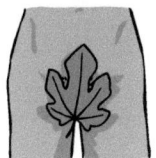

la vagina

vagina

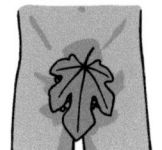

el pene

pênis

la ceja

sobrancelha

el pelo

cabelo

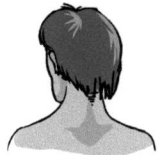

el cuello

pescoço

el hospital
hospital

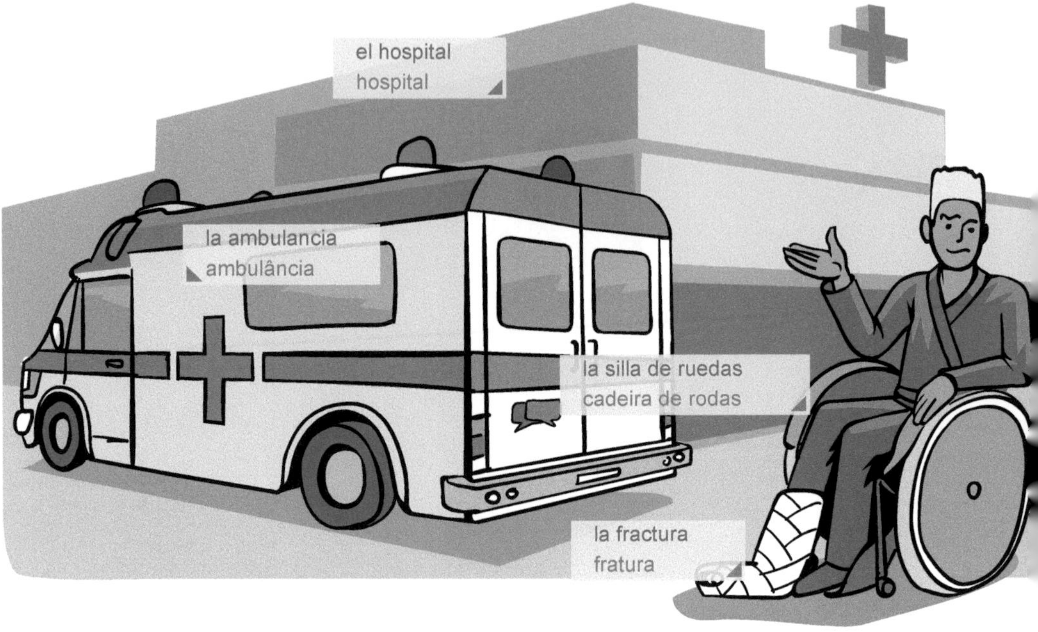

el hospital
hospital
la ambulancia
ambulância
la silla de ruedas
cadeira de rodas
la fractura
fratura

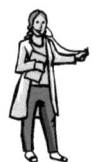

el médico
....
médico

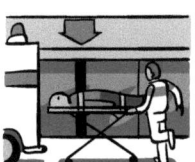

la sala de guardia
....
pronto-socorro

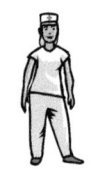

la enfermera
....
enfermeira

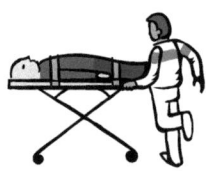

la emergencia
....
emergência

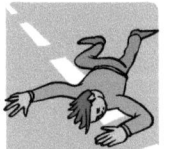

inconsciente
....
inconsciente

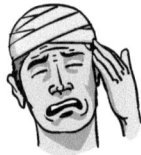

el dolor
....
dor

la lesión

ferimento

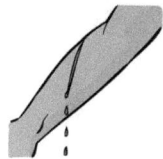

la hemorragia

hemorragia

el infarto

ataque cardíaco

el ACV

cidente vacular cerebral

la alergia

alergia

la tos

tosse

la fiebre

febre

la gripe

gripe

la diarrea

diarreia

el dolor de cabeza

dor de cabeça

el cáncer

câncer

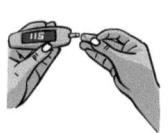

la diabetes

diabetes

el cirujano

cirurgião

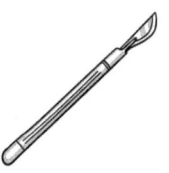

el bisturí

bisturi

la operación

operação

la TC

CT

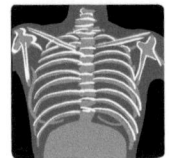

los rayos x

raio x

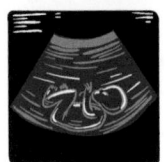

la ecografía

ultrassom

el barbijo

máscara

la enfermedad

doença

la sala de espera

sala de espera

la muleta

muleta

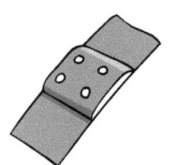

la curita

bandeide

la venda

ligadura

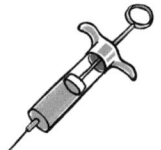

la inyección

injeção

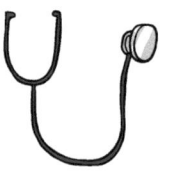

el estetoscopio

estetoscópio

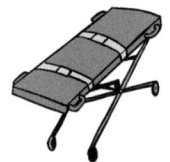

la camilla

maca

el termómetro

termômetro

el nacimiento

nascimento

el sobrepeso

excesso de peso

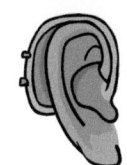

el audífono

aparelho auditivo

el desinfectante

desinfetante

la infección

infecção

el virus

vírus

el VIH / SIDA

HIV / AIDS

el remedio

medicamento

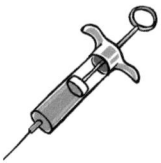

la vacunación

vacinação

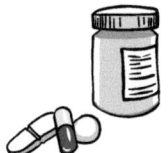

los comprimidos

comprimidos

la pastilla anticonceptiva

pílula

lamada de emergencia

amada de emergência

el tensiómetro

dispositivo de medição de
pressão arterial

enfermo / sano

doente / saudável

¡Ayuda!

Socorro!

la alarma

alarme

la agresión

assalto

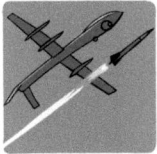

el ataque

ataque

el peligro

perigo

la salida de emergencia

saída de emergência

¡Fuego!

Fogo!

el matafuego

extintor de incêndios

el accidente

acidente

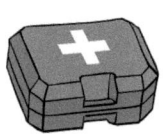

el botiquín de primeros
auxilios

maleta de primeiros
socorros

el SOS

SOS

la policía

polícia

Europa

Europa

América del Norte

América do Norte

América del Sur

América do Sul

África

África

Asia

Ásia

Australia

Austrália

el Atlántico

Atlântico

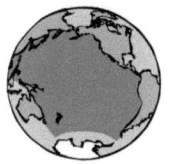

el Pacífico

Pacífico

el Océano Índico

Oceano Índico

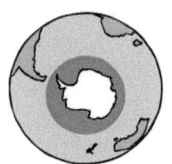

el Océano Antártico

Oceano Antártico

el Océano Ártico

Oceano Ártico

el polo norte

Polo Norte

el polo sur

Polo Sul

la Antártida

Antártica

la Tierra

Terra

la tierra

terra

el mar

mar

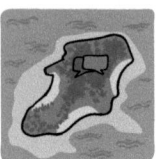

la isla

ilha

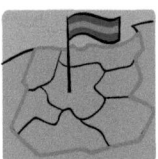

la nación

nação

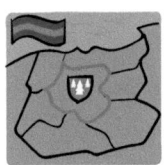

el estado

estado

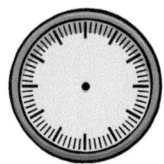

la esfera

mostrador do relógio

la manecilla de las horas

ponteiro das horas

el minutero

ponteiro dos minutos

el segundero

ponteiro dos segundos

¿Qué hora es?

Que horas são?

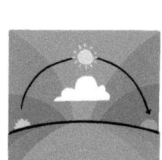

el día

dia

la hora

tempo

ahora

agora

el reloj digital

relógio digital

el minuto

minuto

la hora

hora

la semana

semana

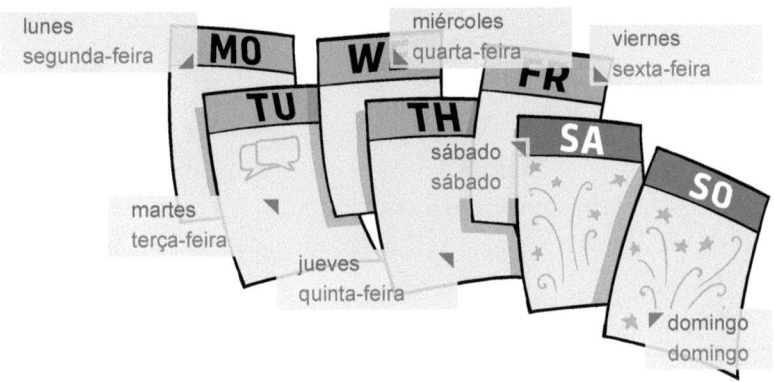

lunes
segunda-feira

martes
terça-feira

miércoles
quarta-feira

jueves
quinta-feira

viernes
sexta-feira

sábado
sábado

domingo
domingo

ayer

ontem

hoy

hoje

mañana

amanhã

la mañana

manhã

el mediodía

meio-dia

la tarde

entardecer

los días hábiles

dias úteis

el fin de semana

fim de semana

el año

ano

el arco iris
arco-íris
la lluvia
chuva
la nieve
neve
el viento
vento
la primavera
primavera
el otoño
outono
el verano
verão
el invierno
inverno

4.APRIL 11°
5.APRIL 4°
6.APRIL 13°
7.APRIL 8°
8.APRIL 10°

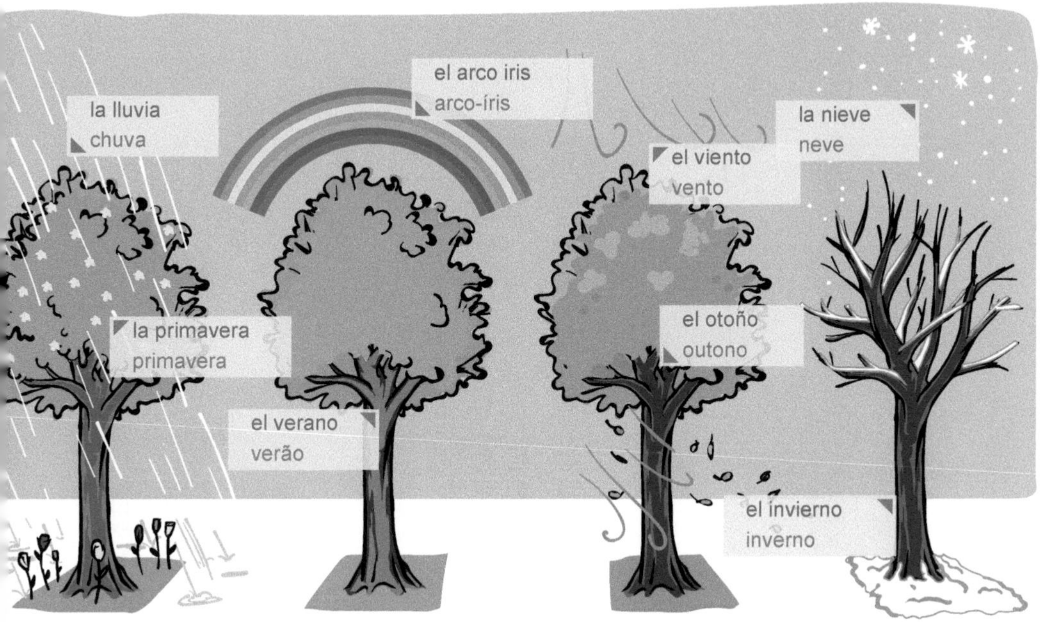

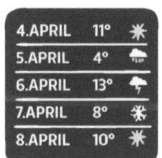

ronóstico meteorológico

previsão do tempo

F
C
120
90
60
30
0
-30
40
30
20
10
0
-10
-20

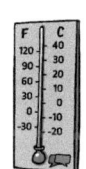

el termómetro

termômetro

la luz del sol

raio de sol

la nube

nuvem

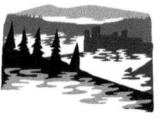

la niebla

neblina / nevoeiro

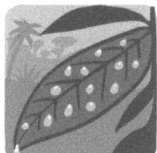

la humedad

umidade do ar

el rayo

relâmpago

el trueno

trovão

la tormenta

tempestade

el granizo

granizo

el monzón

monção

la inundación

inundação

el hielo

gelo

enero

janeiro

febrero

fevereiro

marzo

março

abril

abril

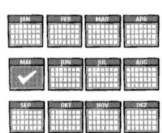

mayo

maio

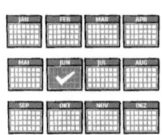

junio

junho

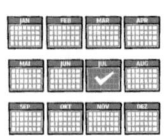

julio

julho

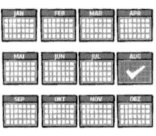

agosto

agosto

el año - ano

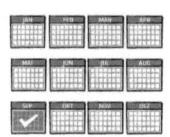

septiembre
....
setembro

octubre
....
outubro

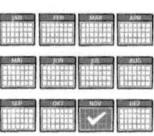

noviembre
....
novembro

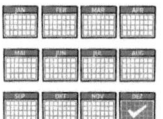

diciembre
....
dezembro

las formas

formas

el círculo
....
círculo

el cuadrado
....
quadrado

el rectángulo
....
retângulo

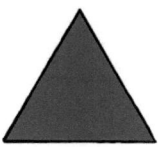

el triángulo
....
triângulo

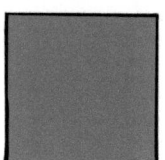

la esfera
....
esfera

el cubo
....
cubo

blanco

branco

amarillo

amarelo

naranja

laranja

rosa

rosa

rojo

vermelho

violeta

lilás

azul

azul

verde

verde

marrón

marrom

gris

cinza

negro

preto

mucho / poco

muito / pouco

enojado / tranquilo

furioso / tranquilo

lindo / feo

lindo / feio

el principio / el fin

começo / fim

grande / chico

grande / pequeno

claro / oscuro

claro / escuro

hermano / la hermana

irmão / irmã

limpio / sucio

limpo / sujo

completo / incompleto

completo / incompleto

el día / la noche

dia / noite

muerto / vivo

morto / vivo

ancho / angosto

largo / estreito

comestible / no comestible

comestível / não comestível

malo / amable

mau / gentil

entusiasmado / aburrido

entusiasmado / entediado

gordo / flaco

gordo / magro

primero / último

primeiro / último

el amigo / el enemigo

amigo / inimigo

lleno / vacío

cheio / vazio

duro / blando

duro / macio

pesado / liviano

pesado / leve

el hambre / la sed

fome / sede

enfermo / sano

doente / saudável

ilegal / legal

ilegal / legal

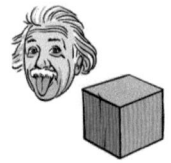

inteligente / estúpido

inteligente / idiota

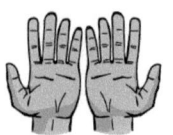

izquierda / derecha

esquerda / direita

cerca / lejos

perto / longe

nuevo / usado

novo / usado

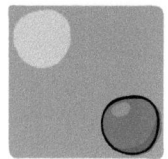

nada / algo

nada / alguma coisa

viejo / joven

velho / jovem

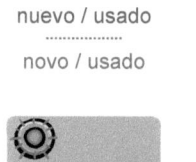

encendido / apagado

ligado / desligado

abierto / cerrado

aberto / fechado

silencioso / ruidoso

baixo / alto

rico / pobre

rico / pobre

correcto / incorrecto

certo / errado

áspero / suave

áspero / liso

triste / contento

triste / feliz

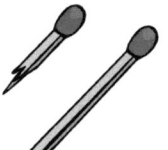

corto / largo

curto / longo

lento / rápido

lento / rápido

mojado / seco

molhado / seco

caliente / frío

ameno / fresco

guerra / paz

guerra / paz

números

0

cero

zero

1

uno

um

2

dos

dois

3

tres

três

4

cuatro

quatro

5

cinco

cinco

6

seis

seis

7

siete

sete

8

ocho

oito

9

nueve

nove

10

diez

dez

11

once

onze

12

doce

doze

13

trece

treze

14

catorce

quatorze

15

quince

quinze

16

dieciséis

dezesseis

17

diecisiete

dezessete

18

dieciocho

dezoito

19

diecinueve

dezenove

20

veinte

vinte

100

cien

cem

1.000

mil

mil

1.000.000

el millón

milhão

los idiomas

idiomas

el inglés

inglês

el inglés americano

inglês americano

el chino mandarín

chinês mandarim

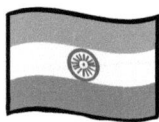

el hindi

hindi

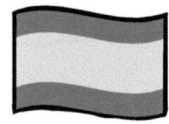

el español

espanhol

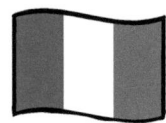

el francés

francês

el árabe

árabe

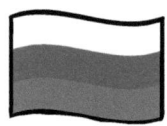

el ruso

russo

el portugués

português

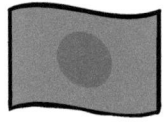

el bengalí

bengalês

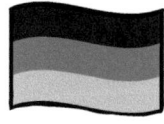

el alemán

alemão

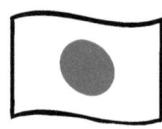

el japonés

japonês

yo
eu

vos
você

él / ella
ele / ela

nosotros
nós

ustedes
vocês

ellos
eles / elas

¿quién?
quem?

¿qué?
O quê?

¿cómo?
como?

¿dónde?
onde?

¿cuándo?
Quando?

el nombre
nome

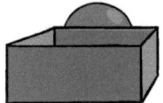

detrás
atrás

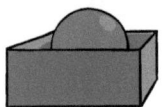

en
em

adelante de
na frente de

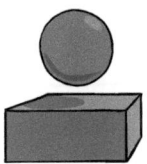

por encima de
sobre

sobre
em cima

debajo de
debaixo

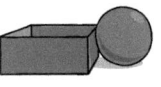

al lado de
do lado

entre
entre

el lugar
lugar